が
り
ず
南
三

いつか役に立つかもしれない

すゑひろがりずのをかしな和風会話

すゑひろがりず（南條庄助・三島達矢）

東大マン 監修

はじめに

いよぉぉぉぉぉっぽぽん！

我々は、すゑひろがりずと申しまする〜！

近頃、「地球規模化《グローバル》」なるものが進み、対面での意思疎通《コミュニケーション》がうまくいかない時代が到来しておると聞きまする。

しかし「ＬＩＮＥ」を「緑文」、「ポテトチップス」を「薄芋揚げ」などと、あらゆる単語を和風変換して会話すれば、その可笑しさで場が和み、周囲との仲が深まること間違いなし！　そこで、和風不足の現代の皆々さまに向けて、がりず流の和風会話が学べる書物を作りました。

また、少しばかりでございまするが、学生の方々のお役にも立てるよう、東大卒の予備校講師・構成作家である東大マンに監修を御願いしまして、寺子屋《中学・高校》の試験によく出る古文単語を例文にちりばめてみました。

出題頻度の高い「古今異義語」（＝「をかし」を「趣深い」と訳すように、古文と現代文で意味が異なる言葉）を多めに掲載しております。抜かりなく読めば、将来は大納言も夢ではございませぬ！

古文が苦手な学生の入門の手引きになれば、ありがたき幸せ！

そして、なにより、この書物にて古文の世界を垣間見ることで、我々のネタがもっと楽しめるようになっておりまする！

なお、本書はあくまで、「和風」であることにこだわっているため、古文単語の時代背景などはバラバラにござります。

我々が見本としている狂言は、室町時代発祥ではありますが、授業や入試で扱われやすいのは平安時代や鎌倉時代の文章が多いためであります。

また、重要単語として意味を解説している単語以外については、あくまでも「和風」だとご理解いただきたく、我々のＹｏｕＴｕｂｅの和風変換クイズ同様、一切の物言いは受け付けませぬぞ！

なお、和風がいきすぎて現代の方々とは意思疎通が取れなくなっている場面もございますが、その辺りはご容赦いただきたく存じます。

本書を読みて、皆々さまの行く末が「するひろがり」になることを願いまする！

其ノ五　年中行事で使える がりず流和風会話……83

番外編　すゑひろがりず裏話……103

其ノ一

学校で使える がりず流 和風会話

がりず例文 一番

自己紹介

三島 某《それがし》、齢《よはひ》十四、好みは現代風蹴鞠《けまり》。三島達矢と申しまする〜！

南條 いとすきものなり。

現代語超訳

三島 僕は14歳、趣味はサッカー。三島達矢です！

南條 イケてるね。

単語

それがし【某】
わたし。男性が用いる。

よはひ【齢】 年齢。年ごろ。

けまり【蹴鞠】
古代から公家の間で行われた、鞠を蹴る遊戯。ちなみに、大化の改新で有名な中大兄皇子が飛鳥寺で蹴鞠をしていたという記録が『日本書紀』にある。

いと たいそう。とても。

すきもの【好き者】
好色人、風流人。本文中では、「風流人」の意味。

一言

皆の者もすきものを
目指すがよいぞ!

がりず例文 二番

授業中【質問】

三島　母君《ははぎみ》、尋ねたし！

南條　三島殿、あれは師匠じゃよ。

現代語超訳

三島　お母さん質問です！

南條　三島君、あの人は先生だよ。

単語

たづぬ【尋ぬ】

問いただす。質問する。

ししょう【師匠】

先生。ちなみに、「先生」という言葉は元々「自分より先に生まれた人」の意味で、学校の先生を「先生」と呼ぶようになったのは明治時代以降のことである。

一言

学校の先生についつい「お母さん」と話しかけてしまう者がおるのじゃ。

がりず例文 三番

授業中【早弁】

南條　三島殿！
何をしておる！

三島　息したり。

南條　ことわりなり！

現代語超訳

南條　三島君！
何してるの！

三島　息をしている。

南條　当たり前だろ！

単語

ことわりなり【理なり】

「断る」ではなく、「もっともだ」「当然なことである」という意味。「理」は「道理」という意味で、中学校で暗唱させる平家物語の冒頭にも「盛者必衰の理をあらわす」（訳：どんなに勢いが盛んな者でも、いつかは必ず衰え滅びる、という道理をあらわす）という一節がある。

一言

当たり前のことを堂々という者には「ことわりなり!」とツッコミを入れてあげなされ。

がりず例文

四番

授業中【居眠り】

南條　三島殿！三島殿！
ややヽ三島殿、
やっとおどろきたり。

三島　……。
ここはいづこ？
我は誰《た》そ？

現代語超訳

南條　三島君！三島君！
あ、三島君がやっと
目を覚ました。

三島　……。
ここはどこ？
私は誰？

単語

おどろく【驚く】
目を覚ます。

いづこ【何処】
どこ。

たそ【誰そ】
だれか。だれだ。ちなみに、夕暮れ時をあらわす「たそがれ」という言葉は元々、薄暗くて相手が見えずに「誰そ彼（あれは誰だ）」と問いかけたことが語源となっている。

一言

記憶喪失になっても、
和の心は忘れませぬぞ！

がりず例文 五番

宿題

南條　宿題はやりおほせたか？

三島　解きとほしたるが、持て参《まゐ》るのを忘れ申した！

現代語超訳

南條　宿題やってきた？

三島　やったけど、持ってくるのを忘れた！

単語

おほす【果す】
果たす。終える。

とほす【通す・徹す】
やり遂げる。

もてまゐる【持て参る】
持ってくる。

一言

本当に宿題はやってまするっ。本当に、本当に!

がりず例文 六番

休み時間

南條　やっと授業が終わりけり。

三島　いざ、具《ぐ》し厠《かはや》に参《まゐ》らむ！

現代語超訳

南條　やっと授業が終わった。

三島　さあ、連れションに行こう！

単語

ぐす【具す】

連れて行く。「連れション」を和風変換すると「具し厠」となる。また、似た単語で〝ゐる〟には「引き連れる」「伴う」という意味があるので、「ゐり厠」でも可。

かはや【厠】

トイレ。ちなみに、「トイレ」を表す日本語には、「厠」「お手洗い」のほか、「はばかり」「手水（ちょうず）」「雪隠（せっちん）」などもある。

一言

具し厠は
日本の文化なり。

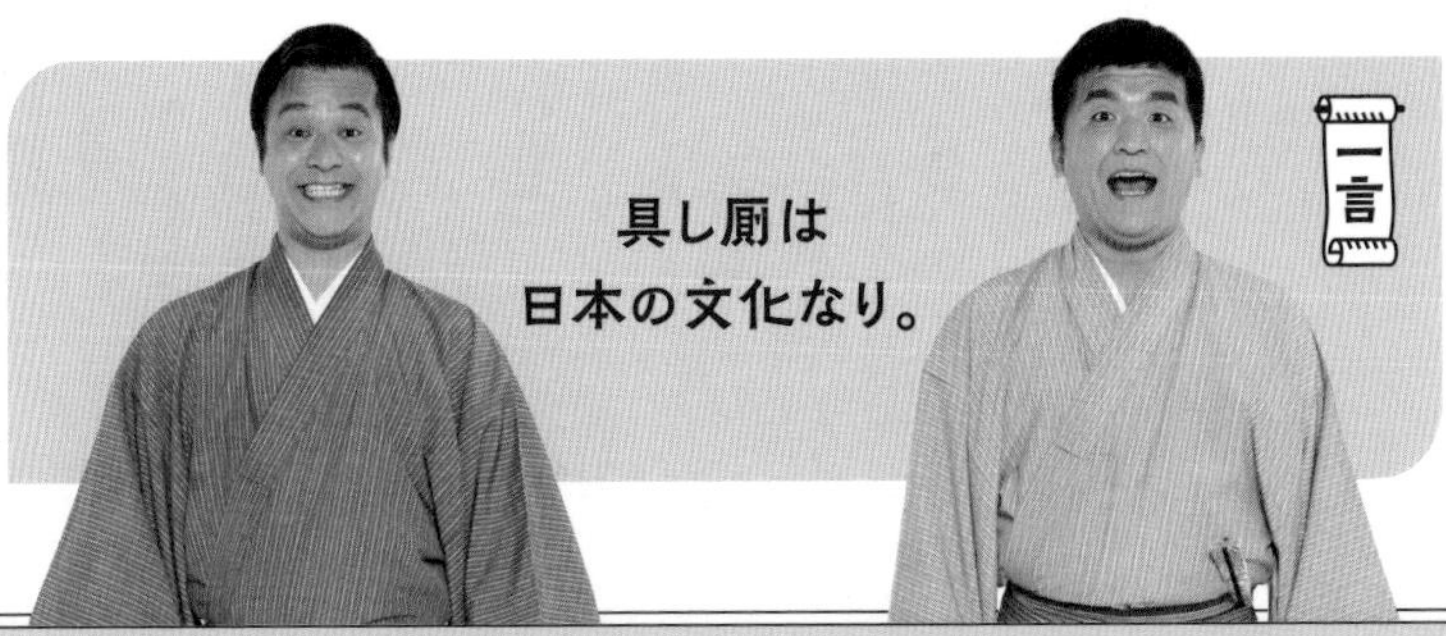

がりず例文 七 番

放課後

三島　南條殿！

いざ、あそばむ！

南條　ははあ！

某《それがし》、小鼓《こつづみ》を打ちまする!!

現代語超訳

三島　南條君！

あーそーぼ！

南條　いいよ！

僕は小鼓を打つね!!

単語

あそぶ【遊ぶ】

「遊ぶ」のほかに、「楽器を演奏する」という意味もある。

こつづみ【小鼓】

小型の鼓で、右肩に乗せ、左手で調べ緒を持って音の高低を調節しながら、右手で打つ。能楽・長唄などに用いられる。ちなみに南條は、今年（2021年）、『タモリ倶楽部』（テレビ朝日系）で、能楽師の方に正しい小鼓の打ち方を教わった。

それがし【某】▼P8

一言

**古文の「あそぶ」は、
「楽器を演奏する」の
意味もあるから注意せよ!!**

がりず例文 八番

体育祭

三島　某《それがし》が一位なれど……。
南條　ひがことなり、
ひがことなり！
三島　心憂《こころう》し。

現代語超訳

三島　僕が
1位なんだけど……。
南條　間違いだ、
間違いだ！
三島　つらい。

単語

ひがこと【僻事】
道理や事実に合わないこと。間違い。ちなみに、僻事は「道理に外れている」という意味なので、「理」（＝道理）▼P12の反対語である。

こころうし【心憂し】
つらい。心苦しい。

それがし【某】▼P8

1
2
ひがことなり!

一言
2位では
だめなのじゃ!

がりず例文

九番

部活動

三島　窓のひまより見入《みい》らん。

南條　いとけうらなり。

現代語超訳

三島　窓のすき間から中を見よう。

南條　超かわいい。

単語

ひま【暇】あいだ。すき間。

みいる【見入る】（外から）中を見る。

けうらなり【清らなり】清らかで美しい。

※かいまみ【垣間見】物陰からひそかにのぞき見ること。平安時代の貴族の女性は屋敷の奥で暮らしていたため、昼間に見ることはほぼできなかった。そのため、「見る」というだけで、「結婚する」の意味も持つことになったのである。

いと▼P8

一言

いにしへより、
男は女を垣間《かいま》見※るものじゃ!

がりず例文 十番

マラソン大会

三島　ともに行く末まで参《まゐ》らむ。
南條　しかり！
三島　我先に！
南條　あぢきなし！

現代語超訳

三島　一緒にゴールしよう。
南條　うん！
三島　お先に！
南條　おいおい！

単語

ゆくすゑ【行く末】
（はるか遠くの）行き先。（遠くの）目的地。

しかり【然り】
そうだ。そうである。現代でも、「逆も然り（逆も成り立つ）」のようなかたちで使われることもある。

あぢきなし【味気無し】
道理に外れている。けしからん。

ヨーイドン!!
あぢきなし!
我先に!
一言
……
いとはかなき
友情かな。

がりず例文
十一番
修学旅行

南條　三島殿、好《す》くは誰《た》そ。

三島　某《それがし》は花子殿が好みじゃ。

南條　なぬ、花子殿は田中殿のいもなるぞ！

三島　ねたし！

現代語超訳

南條　三島君は誰が好き？

三島　僕は花子さんが好き。

南條　えっ！　花子さんは田中君の彼女だぞ！

三島　くやしい！

単語

すく【好く】
打ち込む。異性に熱中する。

いも【妹】
「芋」ではない。「妹（いも）」と書き、妻、恋人、姉妹という意味になる。ここでは、恋人。

ねたし【妬し】
「寝たい」ではなく、「くやしい」「ねたましい」という意味。

たそ【誰そ】▼P14

一言

世の中には聞かなければ
よかったこともあるぞ。

がりず例文 十二番

卒業式

三島 ♪さらばはわびしき
言葉にあらず

南條 ♪おのおのの夢へと
我らをつなぐヨイショ

現代語超訳

三島 サヨナラは悲しい
言葉じゃない

南條 それぞれの夢へと
僕らを繋ぐYELL

※いきものがかり『YELL』より

単語

わびし【侘びし】
かなしい。つらい。苦しい。寂しい。同意語の動詞「わぶ」と併せて覚えよう。

おのおの【各・己己】
それぞれ。

一言

ちなみに、「はなむけ」という言葉の「はな」は「花」ではなく「鼻」。

旅立ちや門出のときに馬の鼻を行先に向けることから、この言葉ができたのじゃよ。

【がりず検定】学校の巻

するゑひろがりずが、独断と偏見で、現代の言葉を勝手に和風に言い換えて出題！
元の現代語が何なのか、当ててみてくだされ!!

一　学び帳面

二　背負い革葛籠《かわつづら》

三　初めの会、結びの会

四　伸び伸び運動衣

五　囲い鞠《まり》あて

六　めいめい蔵

七　天下一体育大会

八　平方根蛇

九　透け透け瓢箪《ひょうたん》

十　兵衛十弁

【答ゑ】

一　ノート
二　ランドセル
三　ホームルーム
四　ジャージ
五　ドッジボール
六　ロッカー
七　インターハイ
八　ルート
九　フラスコ
十　ベートーヴェン

其ノ二

ビジネスで使える
がりず流 和風会話

がりず例文 十三番

朝礼

三島　声出しをいたそうぞ！
南條　おはやうござりまするー！
三島　いざ給《たま》へー！
南條　いざ給へ〜。
三島　かたじけなしー！
南條　かたじけなし〜。
三島　声、か細し！

現代語超訳

三島　声出しをしよう！
おはよう
ございますー！
南條　おはようございます〜。
三島　いらっしゃいませー！
南條　いらっしゃいませ〜。
三島　ありがとう
ございましたー！
南條　ありがとうございました〜。
三島　声が小さい！

単語

いざたまへ【いざ給へ】
さあ、いらっしゃい。
かたじけなし【忝し・辱し】
ありがたい。もったいない。身に余る恩恵を受けて感謝するさま。

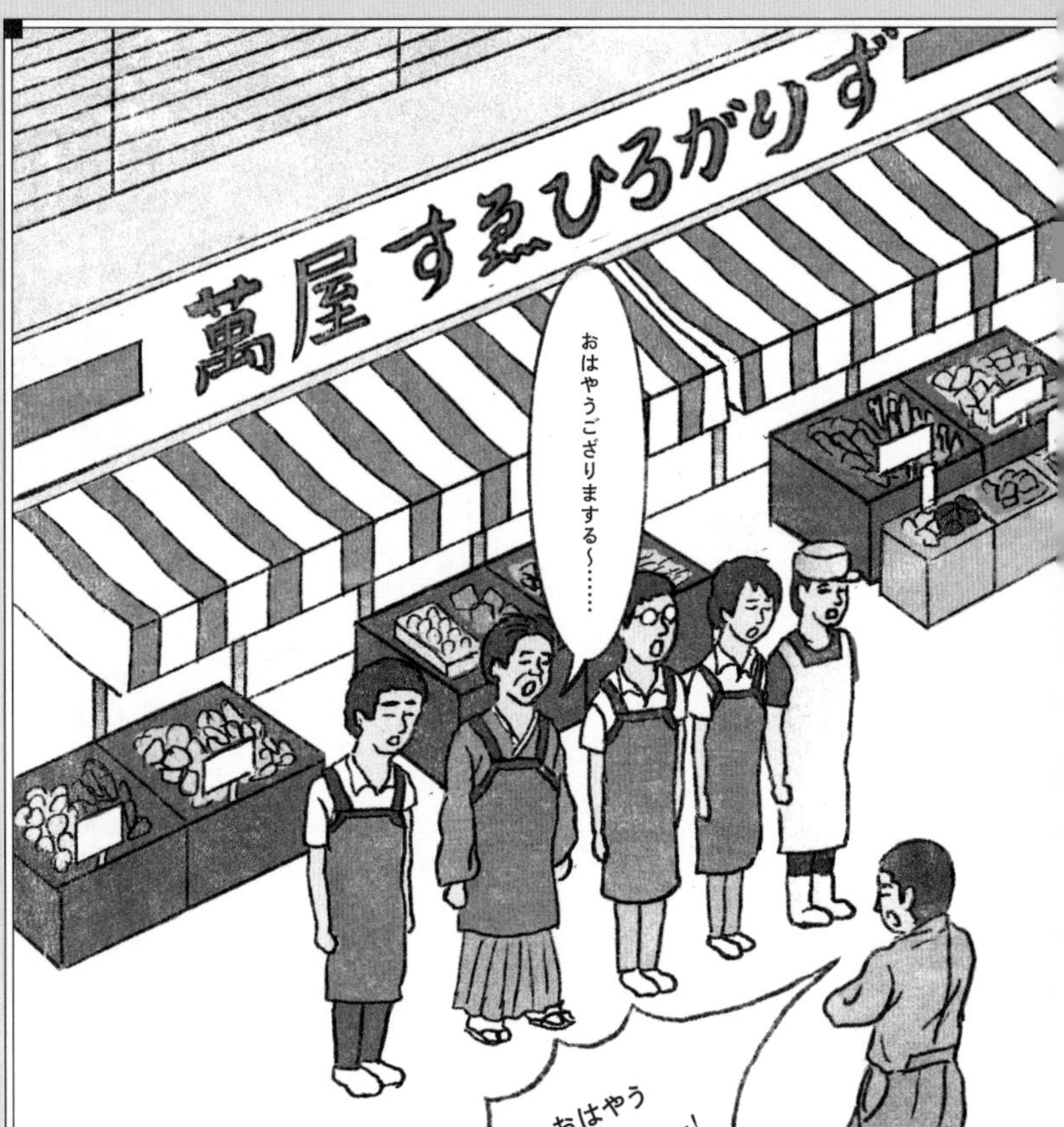
おはやう ございまするー!

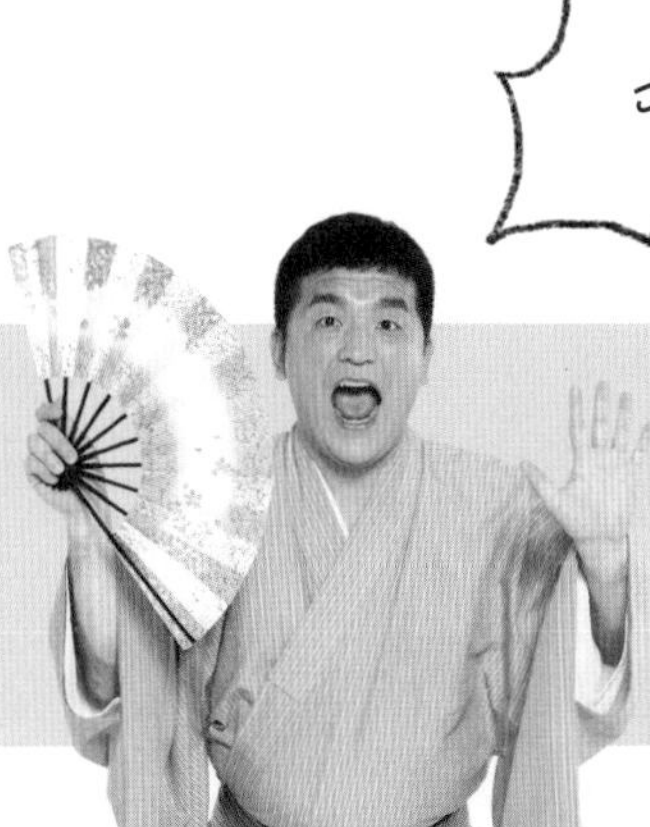

一言

ビジネスも狂言も
声出しが大事じゃ。

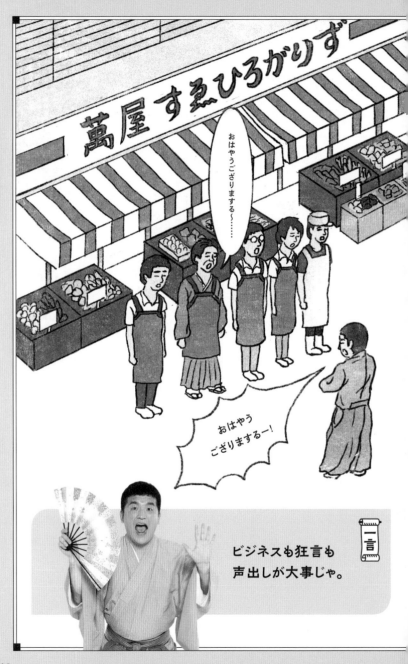

十四番 がりず例文

部下への注意

南條　かたじけなし！
牛車《ぎっしゃ》が混みて遅れ申した！
三島　せっかくあはれなる
仕事をしておるのに、
遅刻をしてはいたづらになる。

現代語超訳

南條　申し訳ございません！
渋滞で遅れました！
三島　せっかくいい仕事を
しているのに、遅刻を
したら台無しだよ。

単語

かたじけなし【忝し・辱し】
おそれおおい。面目ない。みっともない。（他の意味はP34を参照）

あはれなり
（しみじみと）趣深い。

いたづらになる【徒になる】
子どものする「いたずら」ではなく、「無駄になる」「台無しになる」という意味。

※かたし【難し】
難しい。困難だ。

一言

牛車の遅れを読むのは難《かた》し※!

がりず例文 十五番

上司の自慢話

三島　昨日は久しぶりに戌《いぬ》の刻《こく》まで残業いたしたわ！

南條　なのめなり。

三島　おかげで子《ね》の刻から卯《う》の刻までしか寝られなかった。

南條　おぼろけなり。

現代語超訳

三島　昨日は久しぶりに20時まで残業したわ。

南條　すごいっすね。（普通だけどなぁ）

三島　おかげで6時間くらいしか寝られなかった。

南條　すごいっすね。（普通だけどなぁ）

単語

戌の刻・子の刻・卯の刻

それぞれ、19時〜21時、23時〜1時、5時〜7時の間の時刻。江戸時代の時刻は、二時間刻みで順番に十二支を振り分けた呼び方をしていた。

なのめなり・おぼろけなり

「普通だ」と「格別だ」両方の意味がある。もともと、「なのめならず」「おぼろけならず」で打ち消しの、〝格別「ではない」＝普通だ〟という意味で使われることが多かったが、時が経ち、「なのめなり」だけで〝普通だ〟という意味を持つようになった。こちらが「普通だ」の意味で用いても、「格別だ」の意味でとってくれるかも？

一言

自慢が止まらない人は
「なのめなり」と
「おぼろけなり」でかわしませふ。

がりず例文 十六番

飲み会

三島　さあさあ、召せ召せ！

南條　これはこれは、三島殿直々《じきじき》とはつつまし！

現代語超訳

三島　ほらほら、飲んで飲んで！

南條　これはこれは、三島さん直々に恐縮です！

単語

めす【召す】
飲む。食べる。

つつまし【慎まし】
気が引ける。遠慮される。ちなみに、同意語の「つつむ」は、「包む」と混同しがち。「包む」という意味もあるが、「気兼ねする」「遠慮する」という意味もあるから要注意。

一言

「つつまし」が
上手に使えれば
大納言《だいなごん》も夢ではないぞ！

がりず例文 十七番

カラオケ

三島　♪祇園精舎《ぎおんしょうじゃ》の鐘の声〜

南條　や！　唄《うた》の範囲が広し！

三島　♪諸行無常《しょぎょうむじょう》の響きあり〜

南條　今の世のみならずいにしへの唄まで歌ひ済ますとは！

現代語超訳

三島　祇園精舎の鐘の声〜

南條　いょ！　レパートリー多いっすね！

三島　諸行無常の響きあり〜

南條　最近の曲だけじゃなくて、昔の曲もメッチャうまいっす！

単語

祇園精舎の鐘の声
諸行無常の響きあり
訳：祇園精舎の鐘の音には、諸行無常（この世のすべての物事は絶えず変化していくものだという意味）の響きがある。

いまのよ【今の世】現代。当世。

いにしへ【古へ・古】昔。

うたひすます【歌ひ済ます】うまく歌いおおせる。見事に歌ってのける。

一言

琵琶法師《びわほうし》の次は
米津玄師でも歌うかのぅ。

がりず例文 十八番

アフター5

三島 宵《よひ》の水風呂《ぶろ》にて写真を撮り申した。

南條 〝ゐむすた匂《にほ》ひ〟、いとをかし！

現代語超訳

三島 ナイトプールで写真を撮ったよ。

南條 インスタ映え、やばいっすね！

単語

よひ【宵】
夜になってすぐのころ。日が沈んでから夜半ごろまで。夕（ゆふ）べ（夕暮れ時）と夜半（よは）（夜中）の間の時間帯。

にほひ【匂ひ】
嗅覚の「匂い」ではなく、視覚的に照り映えること。つややかな美しさ。「インスタ映え」を和風変換すると「ゐむすた匂ひ」となる。

をかし
趣深い。風流だ。
いと▼P8

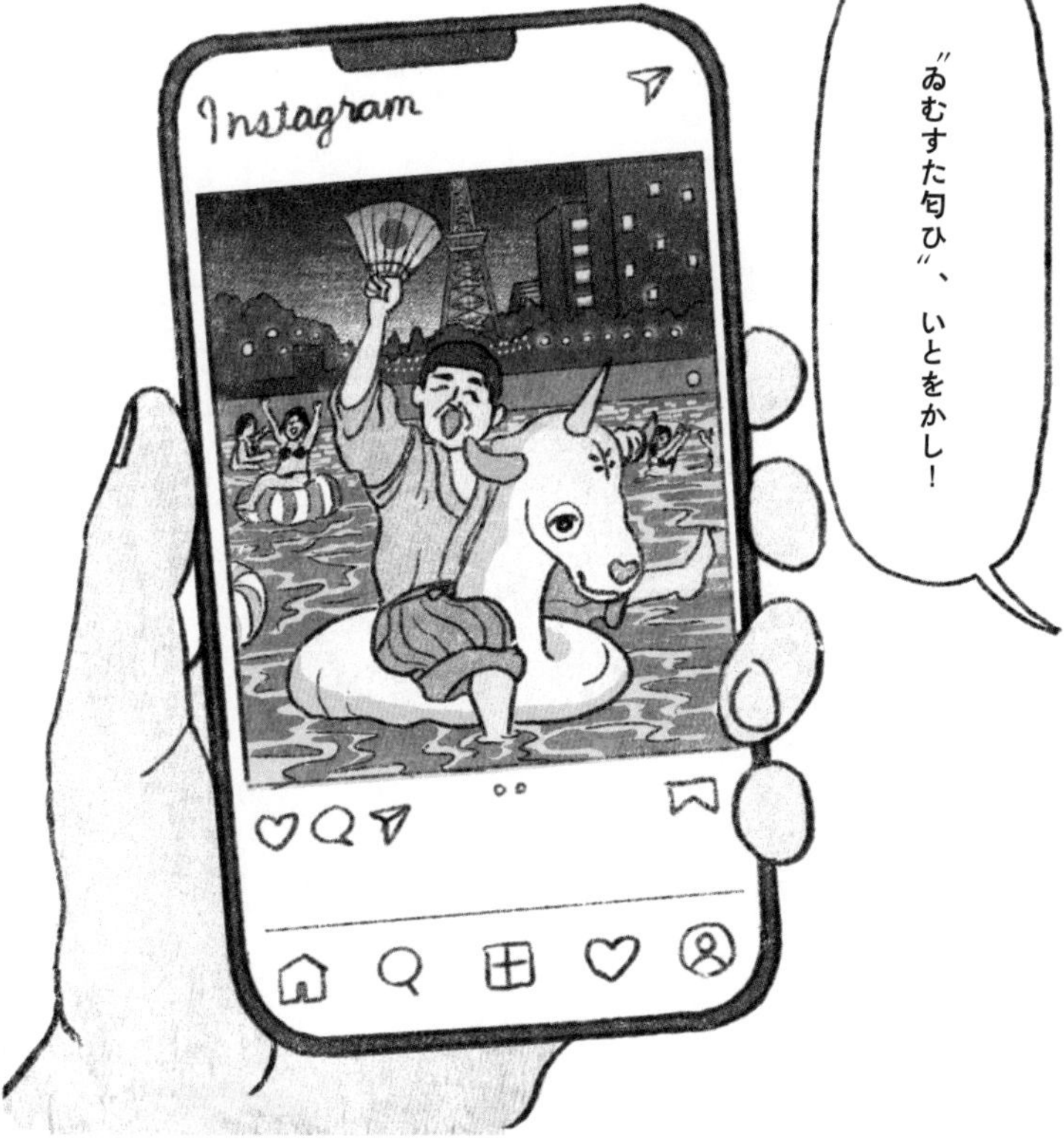
Instagram
〝ゐむすた匂ひ〟、いとをかし！

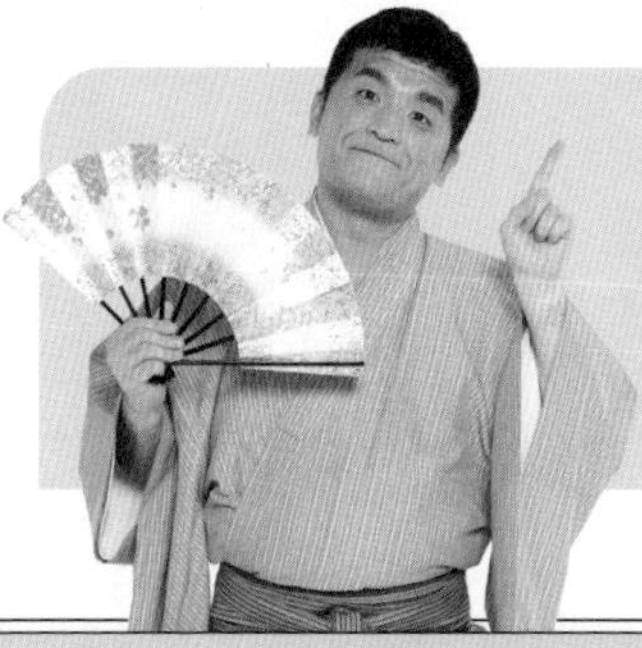

一言

宵の水風呂は
現代の“匂ひ”スポットじゃな！

【がりず検定】ビジネスの巻

するゑひろがりずが、独断と偏見で、現代の言葉を勝手に和風に言い換えて出題！
元の現代語が何なのか、当ててみてくだされ!!

一　勤《つと》め人《びと》

二　電脳網の目

三　切り盛り

四　更に新たに

五　合点じゃ

六　人道御法度《ごはっと》

七　外様《とざま》頼み

八　雲隠れ

九　満満

十　暦合改（暦合わせ改め）

【答ゑ】

一　サラリーマン
二　インターネット
三　マネジメント
四　アップデート
五　コンセンサス
六　コンプライアンス
七　アウトソーシング
八　クラウド
九　ウィンウィン
十　リスケ（リスケジュール）

其ノ三

プライベートで使える がりず流和風会話

がりず例文 十九番

夫婦

南條　ただいま戻りけり。

三島　背《せ》の君《きみ》、何ですか、その接吻印《せっぷんじるし》は！

南條　あきらまばそこで夫婦終了じゃよ。

現代語超訳

南條　ただいま。

三島　あなた、何ですか、そのキスマークは！

南條　明らかにしたらそこで夫婦終了ですよ。

単語

せのきみ【背の君】
あなた。女性から男性に対しての敬称。

あきらむ【明らむ】
「諦める」ではなく、「明らかにする」という意味。ちなみに、バスケ漫画『SLAM DUNK』（集英社）の登場人物、安西先生の「あきらめたらそこで試合終了ですよ」は、漫画史に残る名台詞。

一言

**世の中にはあきらめては
いけないことが多いのじゃ。**

この「あきらめて」は「諦める」と
「明らかにする」の両方の意味じゃ!

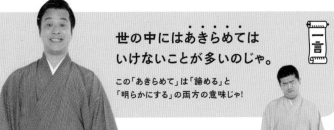

がりず例文 二十番

会食

三島　さあさあ、すけすけ！

南條　さすが三島殿の
おすすめだけありて、
いとめづらしき店なり……！

現代語超訳

三島　さあさあ
食べて食べて！

南條　さすが三島さんの
おすすめだけあって、
メッチャいい
お店ですね……！

単語

すく【食く・飲く】
食べる。飲む。「すけすけ」は「食べて食べて」という意味で、「スケスケ（透け透け）」ということではない。

めづらし【珍し】
「珍しい」だけではなく、「すばらしい」という意味もある。

いと ▼ P8

一言

昔は白米の山盛りが
一番のごちそうだったのじゃ。

がりず例文 二十一番

注文

南條　ここの料亭、よろし。

三島　さて何をあつらふとしよう。

南條　この肉俵《にくだらわ》はいかがじゃ。

三島　よきかな。それ一つ。

南條　某《それがし》も。今一つ。

現代語超訳

南條　ここのレストラン悪くないね。

三島　さて何を頼もうか。

南條　このハンバーグはどう？

三島　いいな。それ一つ。

南島　オレも。もう一つ。

単語

よろし【宜し】

まずまずだ。悪くない。

あつらふ【誂ふ】

頼む。注文する。

いま【今】

さらに。もう。他に「まもなく」「すぐに」という意味もある。「今一つ」は「いまいち」ではなく、「もう一つ」という意味。

それがし【某】▼P8

一言

店員さん、
和風が足りてないのぅ。

がりず例文 二十二番

パーティー

三島　いみじき祝宴《しゅくえん》かな。

南條　かくめでたき大饗《だいきゃう》、手をつけるのがあたらし。

現代語超訳

三島　メッチャいいパーティーだな。

南條　こんなすばらしい料理、食べるのがもったいない。

単語

いみじ
大変良い。大変ひどい。どちらの意味か、文脈から判断する必要がある。ここでは「大変良い」の意味。

めでたし【愛で甚し】
すばらしい。立派だ。

だいきゃう【大饗】
宴会のごちそう。もとは、宮中や貴族の邸宅で行われた大宴会を指す。

あたらし【惜し】
「新しい」ではなく、「もったいない」という意味。

一言

「めでたし」には
「祝うべきだ」という意味のほかに、
「すばらしい」「立派だ」
という意味もあるぞ!

がりず例文 二十三番

合コン

三島　皆《みな》の衆《しゅう》！

興《きょう》に入《い》りたるかな？

南條　えい！

三島　すけ、参《まゐ》れ、召せ、召せ、聞こし召せ！

現代語超訳

三島　みんな！　盛り上がってるかい！

南條　イェーイ！

三島　飲んで飲んで飲んで飲んで、飲んで！

単語

きょうにいる【興に入る】
興味を感じて夢中になる。おもしろがる。

すく・召す・参る・聞こし召す
いずれも「飲む」という意味がある。「召す」「参る」「聞こし召す」は、「食ふ」「飲む」の尊敬語で、本来は身分が高い人の動作に使うが、飲み会は無礼講《ぶれいこう》ということで身分が高くない者にも使っている。

一言

一気は禁物ぞ!

がりず例文 二十四番

おねだり

三島　父君《ちちぎみ》、この仏像、買ふて！

南條　あながちなり。

三島　買ふて！　買ふて！

　　　買ふて！

南條　せむかたなし。

　　　母君《ははぎみ》にはさたなきぞ！

現代語超訳

三島　お父さん、このフィギュア、買って！

南條　ワガママ言わない。

三島　買って！　買って！

　　　買って！

南條　しょうがないな。

　　　ママには内緒だぞ！

単語

かふ【買ふ】買う。

あながちなり【強ちなり】強引だ。身勝手だ。無理矢理だ。

せむかたなし【為む方無し】しょうがない。どうしようもない。「かた」は「方法」の意味で、「しようとするがその方法がない」というのが元の意味。

さたなし【沙汰無し】内緒。内密。

一言

娘は眼《まなこ》に入れても
痛くないぞ！

がりず例文 二十五番

デートの誘い

三島　逢《あ》ふ瀬《せ》せむ。

南條　年の瀬にてせはしければ、すべなし……。

現代語超訳

三島　デートしましょうよ。

南條　年末で忙しいので、どうしようもない……。

単語

あふせ【逢ふ瀬】

男女が会う機会。現代語の「デート」のこと。

せはし【忙し】

忙しい。

すべなし【術無し】

どうしようもない。現代でも「なすすべがない」などと言って使われている。同じ漢字で同意語の「ずちなし（＝術無し）」と併せて覚えると良い。

一言

忙しいふりをして断るのが、
風流な大人じゃ。

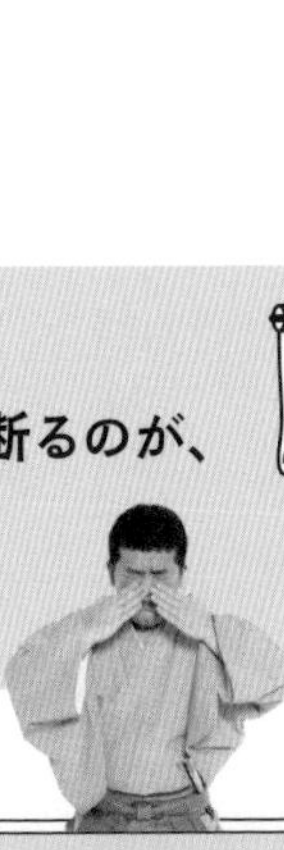

がりず例文 二十六番

トイレ

南條　厠《かはや》はどこじゃ？

三島　急げや！　急げ！

南條　あー、ここが厠じゃや！

三島　「使用を禁ず」。

南條　あぁ、便《びん》なし……。

現代語超訳

南條　トイレはどこ？

三島　急げ！　急げ！

南條　あー、ここがトイレだ！

三島　「使用できません」。

南條　あー、タイミングが悪い……。

単語

びんなし【便なし】

都合が悪い。相手に対して「気の毒だ」の意味でも使う。ちなみに、同意語に「不便（ふびん）なり」がある。「ふべんなり」と読み間違えないように注意が必要。

かはや【厠】▼P18

一言

便意《べんい》はあるのに
便なしじゃ……。

がりず例文 二十七番

おどかす

南條　ひっく！　ひっく！

三島　さくり百度《ひゃくたび》せば、往《い》ぬべし！

南條　空言《そらごと》なり！

三島　百、九十九、九十八……

南條　ひぃぃ！　止め給《たま》へ！

現代語超訳

南條　ひっく！　ひっく！

三島　しゃっくりを100回すると、死ぬんだよ！

南條　嘘でしょ！

三島　100、99、98……

南條　ひぃぃ！　やめて！

単語

さくり【噦り・吃逆】
しゃっくり。

いぬ【往ぬ】
死ぬ。いなくなる。

そらごと【空言・虚言】
事実でないこと。嘘。「虚言」の方は、現代の読み方で「きょげん」と読まないように注意。

一言

幼き頃、誰しも一度は
恐れおののいたものよ。

がりず例文 二十八番

待ち合わせ

三島　御免、今参《まゐ》りました。

南條　もしやいぎたなきか？

三島　大名行列に巻き込まれてこんなに遅くなってしもうた……。

南條　それ、まことか？

三島　……空言《そらごと》でござる。

南條　せむかたなし。ひがことは誰にでもあることじゃ。

現代語超訳

三島　ごめん、今きた。

南條　まさか寝坊？

三島　大渋滞に巻き込まれてこんなに遅くなっちゃった……。

南條　それ本当？

三島　……うそです。

南條　しょうがない。間違いは誰にでもあるしな。

単語

いぎたなし【寝汚し】ぐっすり寝込んでいる。寝坊である。

まこと【真・実・誠】真実。事実。

せむかたなし【為む方無し】▼P58

ひがこと【僻事】▼P22

※そらごと【空言・虚言】▼P64

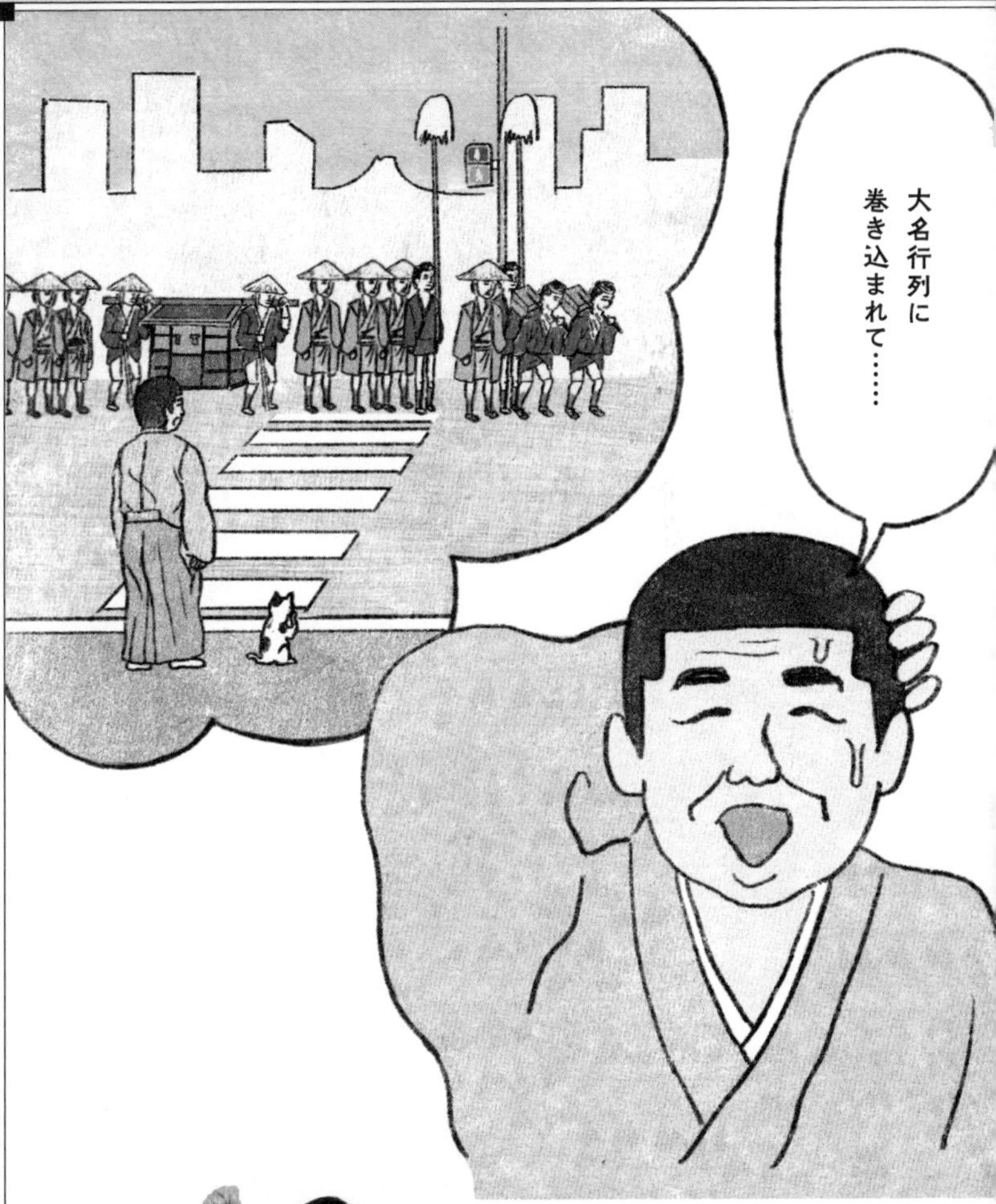
大名行列に巻き込まれて……

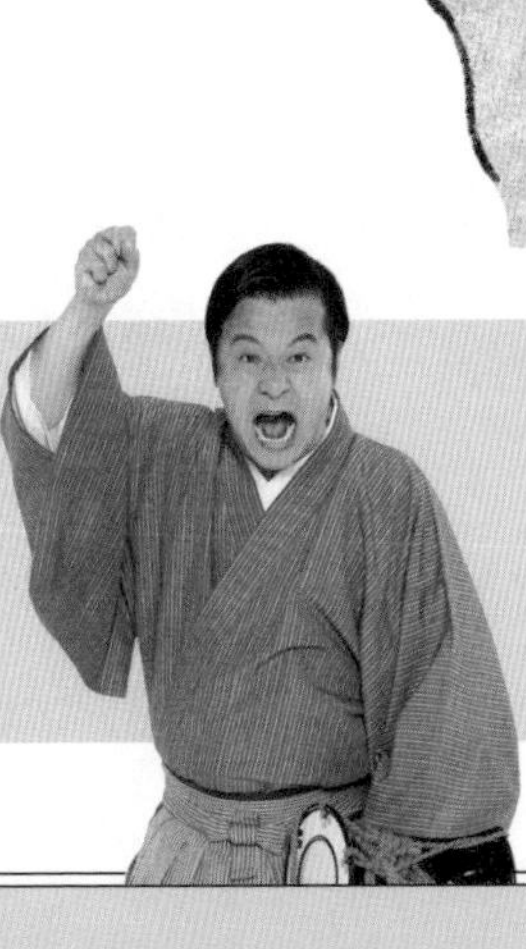

一言

空言※かい（笑）！

【がりず検定】プライベートの巻

すゑひろがりずが、独断と偏見で、現代の言葉を勝手に和風に言い換えて出題！
元の現代語が何なのか、当ててみてくだされ!!

一　宴の民

二　御霊《みたま》

三　銭奉（定額銭奉仕）

四　掌《てのひら》よろず板

五　吐息隔て布

六　蜂の巣式住居

七　夏の市

八　戯画動き絵巻

九　油煮込み

十　即席現像機

【答ゑ】

一　パリピ
二　バイブス
三　サブスク（サブスクリプション）
四　スマートフォン
五　マスク
六　マンション
七　サマーセール
八　アニメ
九　アヒージョ
十　チェキ

其ノ四

LINEで使える がりず流 和風会話

がりず例文 二十九番

買い物のお願い

三島　帰り渡らむほどに
見世棚《みせだな》にて
〝減量漆黒泡砂糖水《げんりょうしっこくあわさとうみず》〟と
〝薄芋揚《うすいもあ》げ〟を買ひ給《たま》へ。

南條　細やぐ気あるのか？

現代語超訳

三島　帰りにスーパーで
ダイエットコーラと
ポテトチップス
買ってきて。

南條　痩せる気あるのか？

単語

かへりわたる【帰り渡る】
帰ってくる。

みせだな【見世棚】
店。現代で言うと「スーパーマーケット」。

ほそやぐ【細やぐ】
ほっそりとする。痩せる。

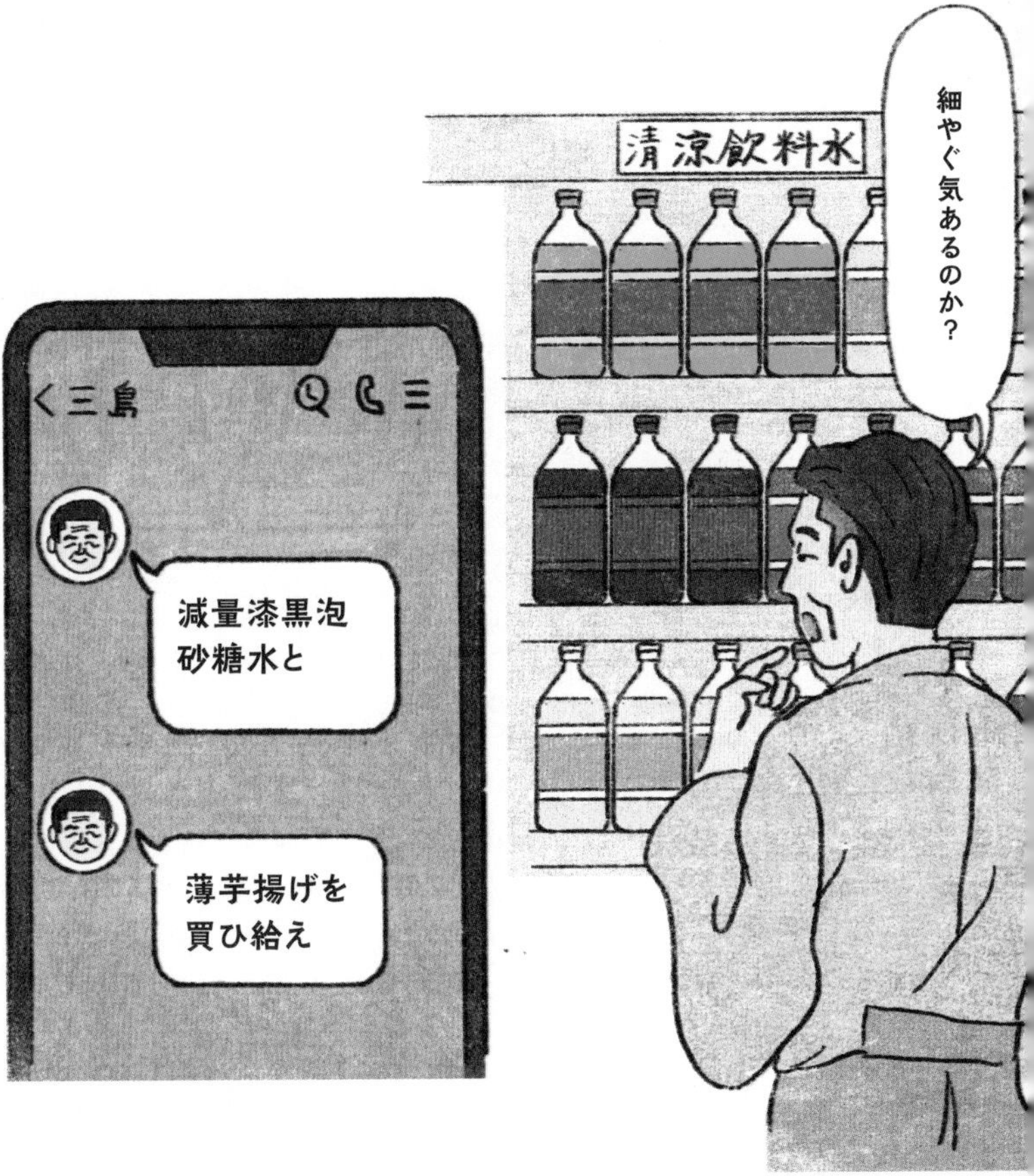

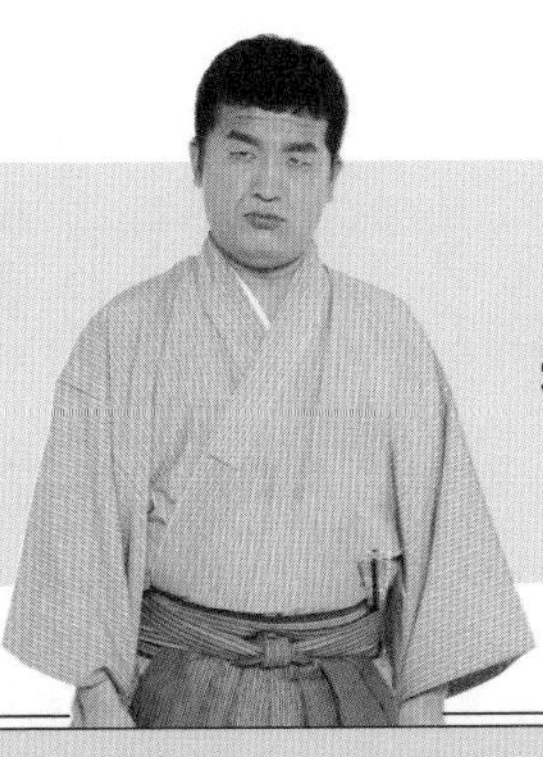

一言

減量は明日からじゃな。

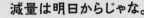

がりず例文 三十番

恋愛相談

三島　丑三《うしみ》つに不意を尽《つ》きては、「いとまありませぬか」と緑文《みどりぶみ》がきまして。

南條　ほう。

三島　「すでに三《み》とせ程、顔合わさねどいかにいかにいかに」と思った次第じゃ。

現代語超訳

三島　夜中にいきなり「いつ空いてるの」ってLINEがきてさ。

南條　へえ。

三島　「もう3年くらい会ってないのにどうしたんだろう?」って思ったんだけど。

単語

うしみつ【丑三つ】
午前2時〜2時30分の30分間のこと。転じて「真夜中」となる。

いとま【暇】
ゆとり。休み。暇。

みとせ【三年・三歳】
3年。

いかにいかに【如何に如何に】
どうしたのか。

一言

どこかでそういった唄《うた》を
聞いたことがある気が……。

がりず例文
三十一番

趣味の話

三島　うぐぃぃぃぃす色の唄《うた》、
あはれなり。

南條　さらなり。

現代語超訳

三島　GReeeNの歌、
いいな。

南條　それな。

単語

さらなり【更なり】

言うまでもない。無論だ。「それな」を和風変換すると「さらなり」となる。もちろん、「さらなり」→「さらな」→「それな」と変化した、という説は特に存在せず、ただの大阪弁である。なお、「春はあけぼの」で始まる『枕草子』の一節、「夏は夜。月のころはさらなり（訳：夏は夜がいい。月が明るいころは言うまでもない）」は、テストに頻出。

あはれなり▼P36

一言

ゑゐゑゐゑゐの
唄もいいのぅ。
もちろんAAAのことじゃ。

がりず例文 三十二番

友達を待たせる

三島　遅参《ちえん》いたす。

南條　をこなり！

いかほど待たせるか？

三島　今いそぎたり！

南條　あさまし。

現代語超訳

三島　遅れるね。

南條　ばか！

いつまで待たせる？

三島　今準備してる！

南條　は？

単語

をこなり【痴なり】

間が抜けている。ばかだ。

いかほど

どれほど。どれくらい。ちなみに、「いか」のつく言葉で、「いかで」も「どうして」「どうやって」という重要語なので覚えておこう。

いそぐ【急ぐ】

「急ぐ」という意味のほかに、「支度する」「準備する」という意味もある。

あさまし【浅まし】

意外だ。びっくりした。あきれた。嘆かわしい。これらのすべての意味をすべて含んでいる「は？」を和風変換すると「あさまし」となる。

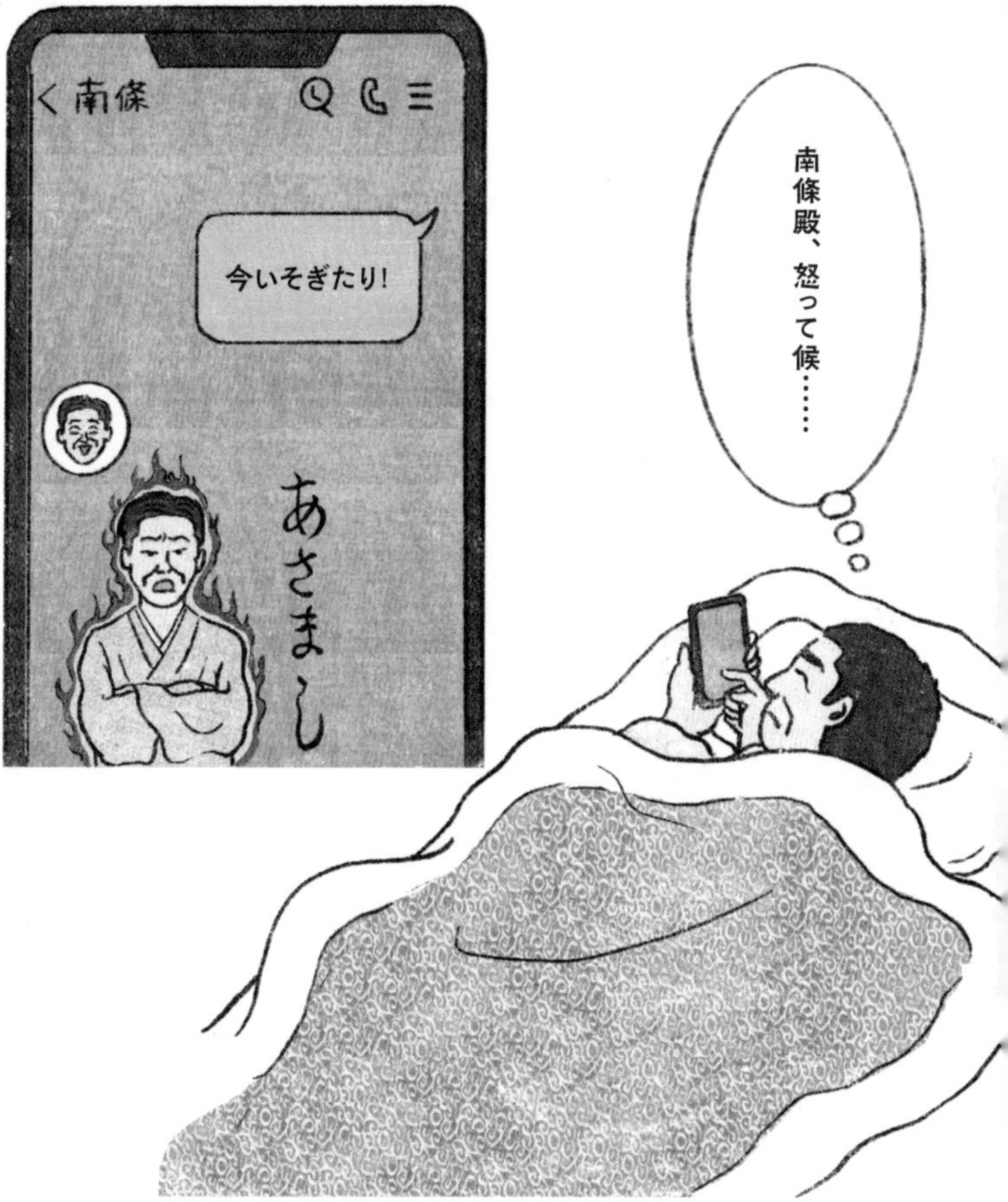
南條
今いそぎたり!
あさまし
南條殿、怒って候……

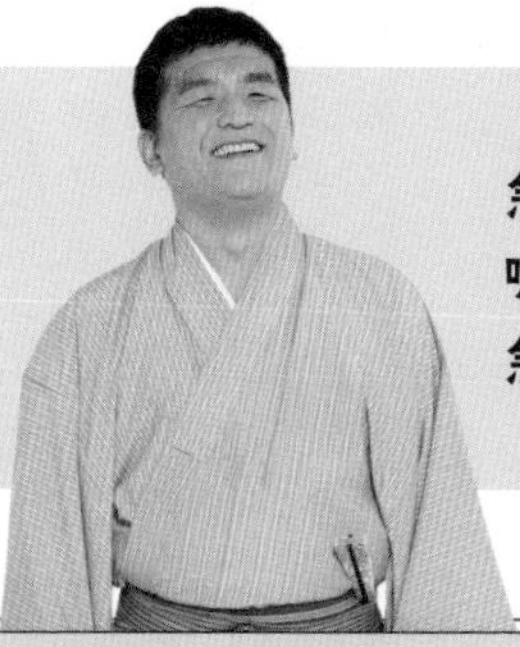

一言

急いでいなくても、
嘘をつかずに
急いでいる雰囲気を出せるぞ!

がりず例文 三十三番

しつこい連絡

三島　今いづこ？

三島　いらへ、まだ？

三島　さうざうし。さうざうし。

さうざうし。さうざうし……。

南條　ものむつかし！

現代語超訳

三島　今どこ？

三島　返事、まだ？

三島　さびしい。さびしい。

さびしい。さびしい……。

南條　うっとうしい！

単語

いらへ【答へ】

返事。

さうざうし【寂寂し】

「騒々しい」ではなく、「（物足りず）さびしい」という意味。

ものむつかし【物難し】

うっとうしい。

いづこ【何処】▼P14

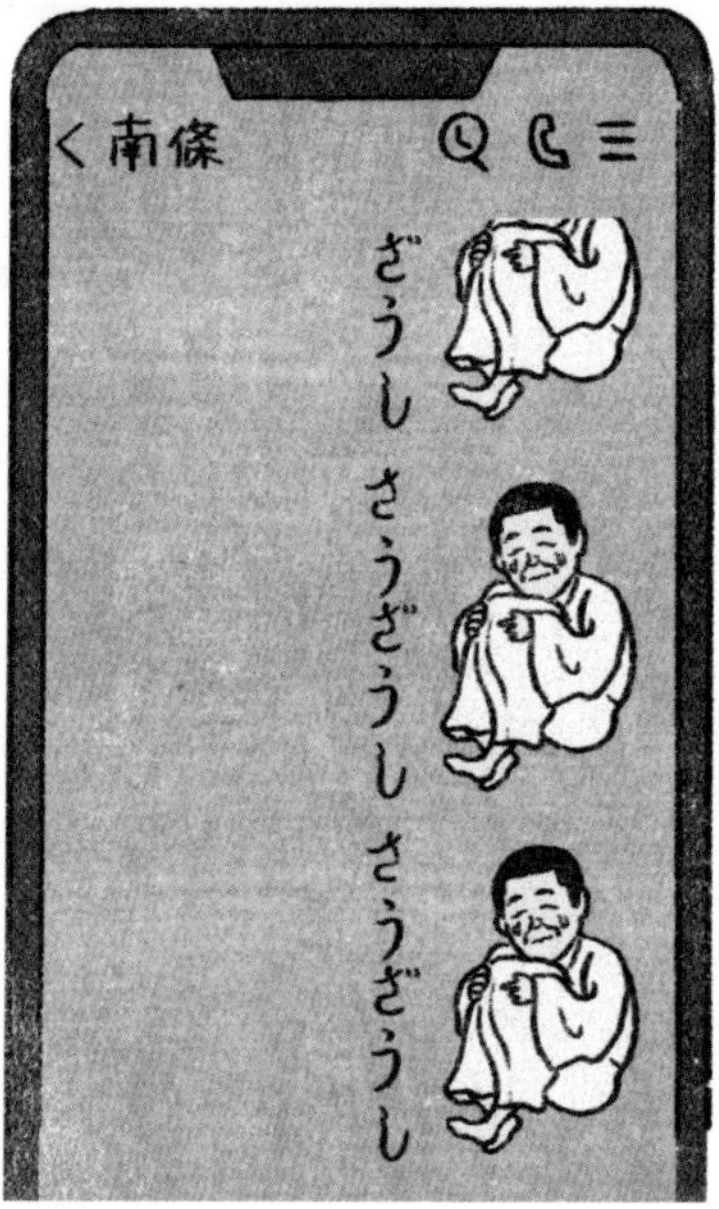
< 南條
ざうし
さうざうし
さうざうし

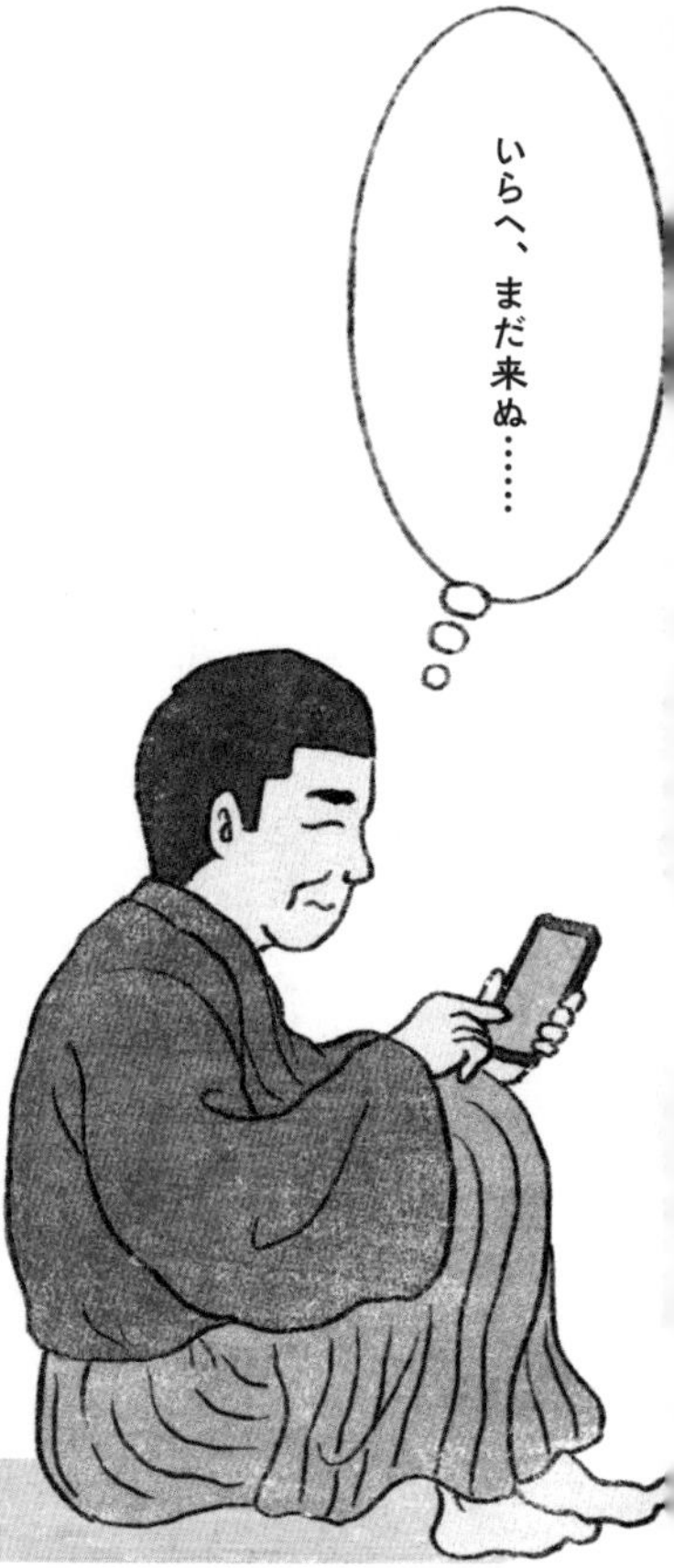
いらへ、まだ来ぬ……

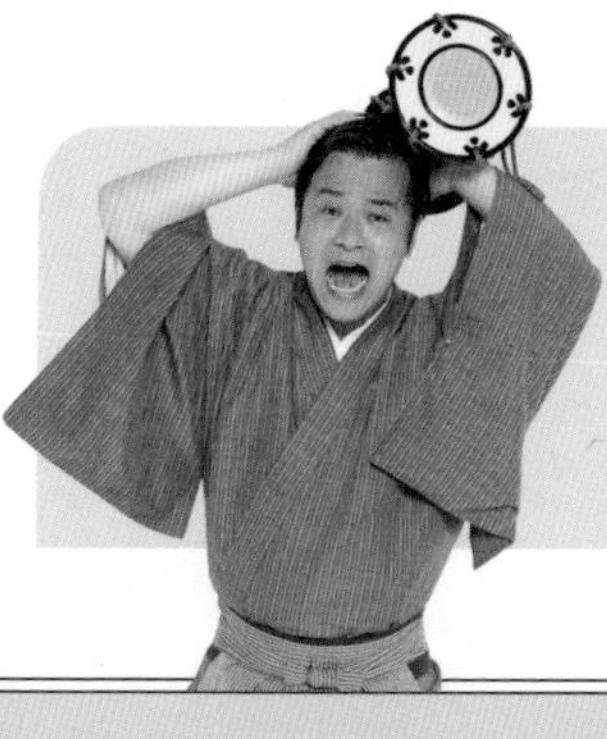

一言

三島殿は
「さうざうし」「さうざうし」と
騒々しいのじゃ。

がりず例文 三十四番

合コンのあと

三島　夜前の宴、静御前がうつくしきと思ふたが、

南條　やや、緑文《みどりぶみ》は〝読み捨て〟なり。静御前よりいらへあり！

三島　いはむかたなし。

現代語超訳

三島　昨夜の合コン、しずかちゃんがかわいいと思ったけど、LINEは既読スルーだよ。

南條　あっ、しずかちゃんから返事きた！

三島　なんも言えねぇ。

単語

やぜん【夜前】昨夜。前夜。

うたげ【宴】宴会。酒宴。

うつくし【愛し・美し】いとしい。かわいらしい。古文では「美しい」という意味でなく、「かわいらしい」という意味で使われることが多い。『竹取物語』の「いとうつくしうてゐたり」の訳（たいそうかわいらしくすわっていた）は中学のテストで頻出。

いはむかたなし【言はむ方無し】何ともいいようがない。

いらへ▼P78

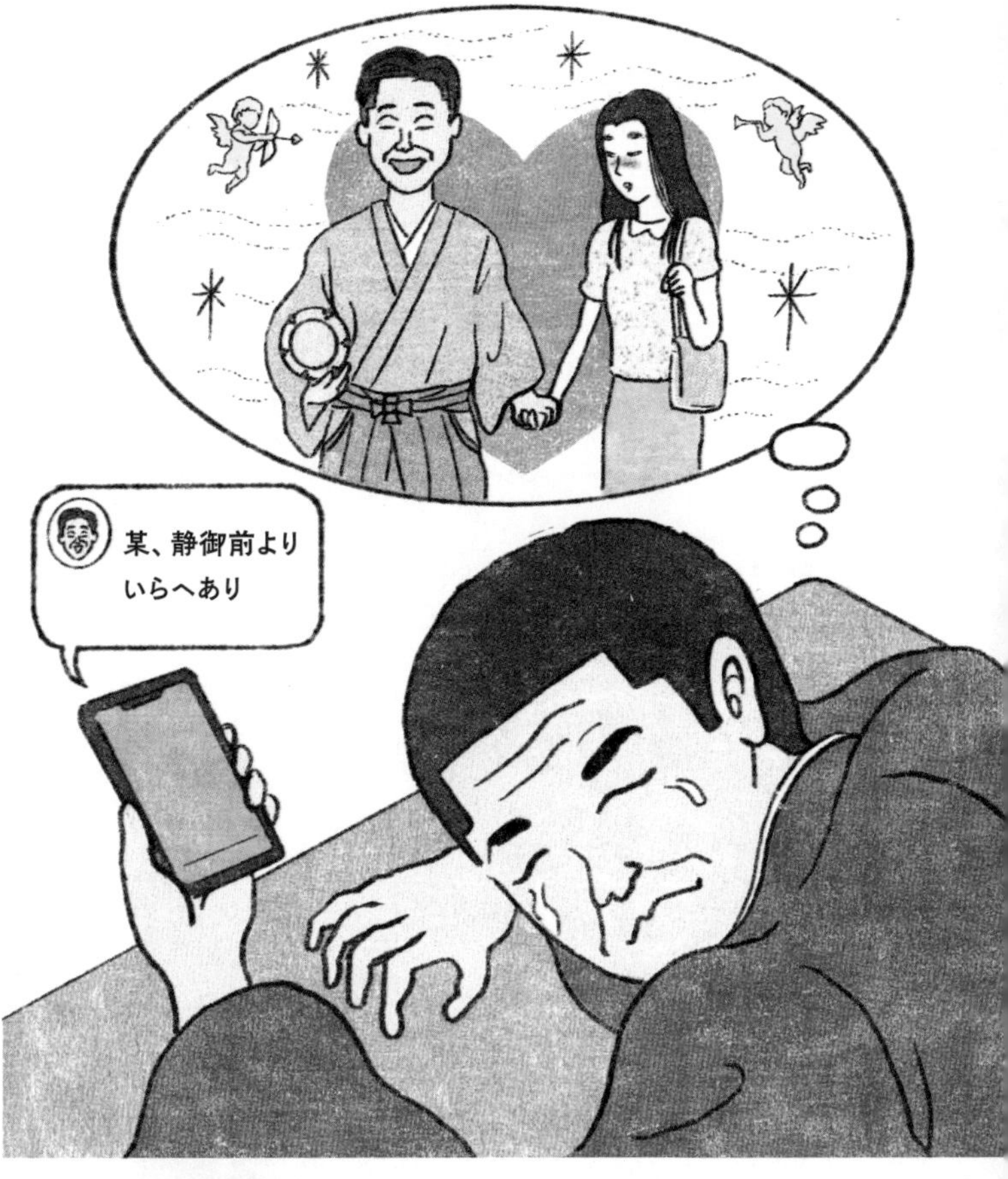
某、静御前より
いらへあり

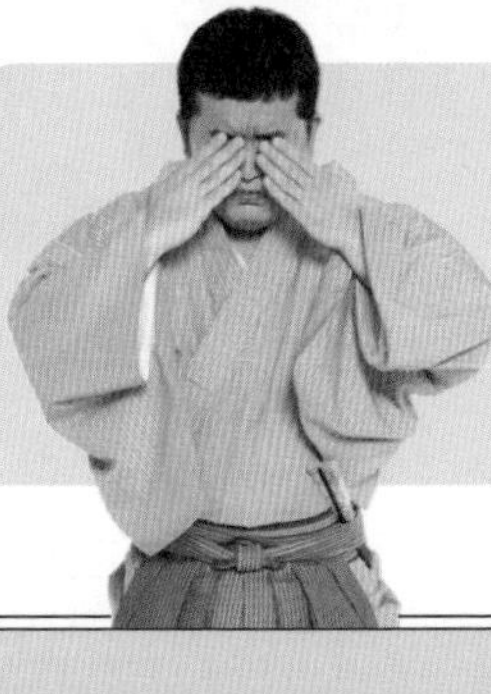

一言

せめて、"読み捨て"だけは
止め給《たま》へ～!!

【がりず検定】LINEの巻

すゑひろがりずが、独断と偏見で、現代の言葉を勝手に和風に言い換えて出題！
元の現代語が何なのか、当ててみてくだされ!!

一　おしるし

二　刻《こく》の並び

三　恩に着〜

四　ゑもし

五　芝芝芝

六　一期一会

七　すんやめ（寸前で取りやめ）

八　MKTNGZRMSRK
（まことにござりまするか）

九　湯雲（湯浴み致すゆえ雲隠れ）

十　別件候（別件が御座候）

【答ゑ】

一　スタンプ
二　タイムライン
三　サンキュ〜
四　エモい
五　www
六　ワンチャン
七　ドタキャン
八　MGK（まじか）
九　フロリダ（風呂に入るから離脱する）
十　ベッケンバウアー（別件がある）

其ノ五

年中行事で使える がりず流 和風会話

がりず例文

三十五番

お正月

三島　年明けの刹那《せつな》に
天下におらざりし！

南條　（踊りたるのみかな……）

現代語超訳

三島　年明けの瞬間、地球にいなかったんだ！

南條　（飛び跳ねただけやろ……）

単語

せつな【刹那】
きわめて短い時間。一瞬。

てんか【天下】
全世界。世の中。「てんが」「てんげ」とも。

おどる【踊る】
「踊る」という意味のほかに、「飛び跳ねる」「跳ね上がる」という意味もある。

一言

年明け
ござるござる（あるある）じゃな。

がりず例文 三十六番

バレンタインデー

三島　らうたげなる茶羊羹《ちゃようかん》をいただき申した！
南條　誰からじゃ？
三島　母君《ははぎみ》からじゃ！

現代語超訳

三島　かわいいチョコもらったんだ！
南條　誰から？
三島　お母さんからだよ！

単語

らうたげなり
いかにもかわいらしい。

ようかん【羊羹】
和菓子の一種。「チョコレート」を和風変換すると「茶羊羹」となる。ちなみに、「羊」の漢字が入っているのは、中国ではもともと羊肉のスープを冷やしたものだったためで、中国から日本に伝えた僧たちは肉を食べることが禁止されたため、代わりにあずきを使うようになったのである。

一言

義理茶羊羹でも、いとお菓子!

がりず例文 三十七番

花見

南條　三島殿、おとなしくゐるか。
三島　初心《しょしん》に場所取りをさせるのがむつかし。

現代語超訳
南條　三島さん、ちゃんと座っているか？
三島　新入りに場所取りをさせるなんてムカつく！

単語
おとなし【大人し】
「おとなしい」ではなく、「大人っぽい」「思慮深い」「しっかりとしている」という意味。
しょしん【初心】
仏道修行や学問・芸能などの道において初歩の段階であること。またその人。「新入り」を和風変換すると「初心」となる。
むつかし【難し】
「難しい」ではなく、「不快だ」という意味。

一言

酒は飲んでも飲まれるな!

がりず例文 三十八番

エイプリルフール

南條　げには、たはけを〝金曜日〟されてしもうたのじゃ。

三島　なぬ!?　我らはもうおしまいじゃ!!

南條　ふふふ、〝卯月空言《うづきそらごと》〟じゃよ。

現代語超訳

南條　実は、不倫をフライデーされちゃったんだ。

三島　まじ!?　もう終わりや!!

南條　ふふふ、エイプリルフールだよ。

単語

げには【実には】
実際は。本当のところは。

たはけ【戯け】
不倫関係。「おろかもの」の意味も。

うづき【卯月】
四月。暦ではこの月から夏が始まる。

そらごと ▼P64

一言

心臓が止まり申した。

がりず例文 三十九番

ゴールデンウィーク

南條　今度の〝金色休息《こんじききゅうそく》〟、能《のう》を見るのはどうじゃ。
三島　ゆかし。
南條　三味線《しゃみせん》をあそぶのはどうじゃ？
三島　ゆかし。
南條　それとも狂言の歴史を学ぶのはどうじゃ？
三島　ゆかし。
南條　上の空じゃな。

現代語超訳

南條　今度のゴールデンウィーク、能を見る？
三島　見たい。
南條　三味線を弾こうか？
三島　聞きたい。
南條　それか狂言の歴史を学ぼうか？
三島　知りたい。
南條　適当に会話してるな。

単語

ゆかし
「見たい」「聞きたい」「知りたい」「心惹かれる」という意味。どのゆかしであるのか見極める必要がある。

あそぶ▼P20

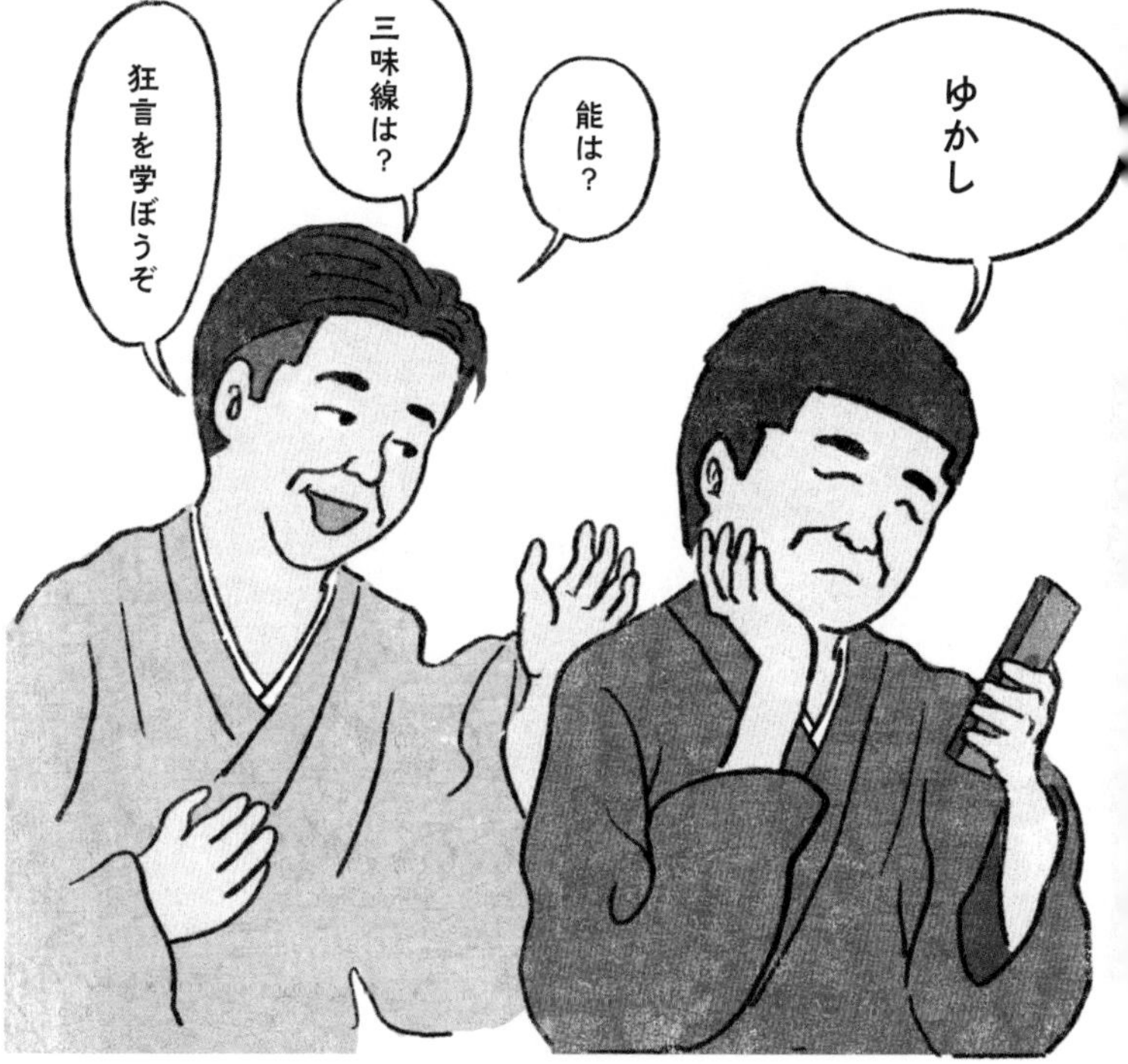

一言

「いいね」を和風変換するなら
「ゆかし」じゃな。

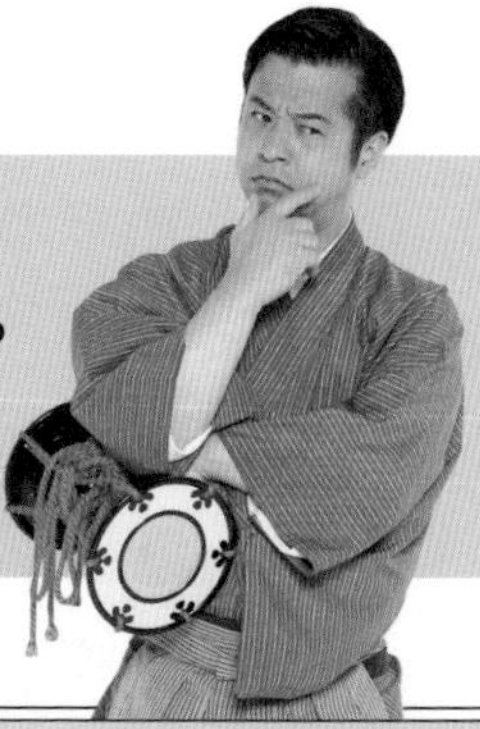

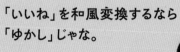

がりず例文 四十番

ジューンブライド

三島　〝水無月祝言《みなづきしゅうげん》〟とは、をかし。

南條　されど、雨降りたるはくちをし。

現代語超訳

三島　ジューンブライドなんて、いいね。

南條　でも、雨が降っているのは残念だね。

単語

みなづき【水無月】
旧暦の6月。

しゅうげん【祝言】
婚礼。結婚。「ジューンブライド」を和風変換すると「水無月祝言」となる。

されど【然れど】
しかし。そうではあるが。

くちをし【口惜し】
残念だ。

をかし▼P44

一言

主賓《しゅひん》あいさつでは必ず、
「『雨降って地固まる』とは
申しますが…」などと言うものよ。

がりず例文 四十一番

海開き

三島　夏なれば、〝海人《あま》もどき〟せん！

南條　ゆくりなし！

現代語超訳

三島　夏だし、スキューバダイビングをしよう！

南條　突然すぎる！

単語

ゆくりなし

思いがけない。突然だ。覚え方としては、「ゆっくりでない」→「突然だ」とこじつけておぼえるのがよい。

あま【海人】

漁師。「海女」と書いて、海に潜って貝などを採集する女性のイメージが強いが、元々は、海に潜って貝や海で魚や貝を採ったり、塩を作ったりする人も含む言葉だった。

一言

袴《はかま》は脱いだほうが良いな。

がりず例文 四十二番

ハロウィン

三島　戯《ざ》れ事《ごと》か振《ふ》る舞《ま》ひか！

南條　戯れ事か振る舞ひか！
珍重《ちんちょう》なるかな南瓜祭《なんきんまつ》り！

現代語超訳

三島　トリック・オア・トリート！
トリック・オア・トリート！

南條　ハッピー・ハロウィーン！

単語

ざれごと【戯れ事】
遊びとしてすること。いたずら。

ふるまひ【振る舞ひ】
「行動」という意。ここでは「もてなし」「饗応《きょうおう》」の意味。「トリック・オア・トリート」を和風変換すると「戯れ事か振る舞ひか」となる。

ちんちょうなり【珍重なり】
めでたい。

なんきん【南瓜】
かぼちゃ。

戯れ事か振る舞ひか!
戯れ事か振る舞ひか!

一言
西洋の祭りも、いとお菓子!

がりず例文 四十三番

クリスマス

三島　汝《なむぢ》と会ひたし！
ちぎりたし！
よばひたし！

南條　勢いいみじ!!

現代語超訳

三島　あなたと結婚したい！
結婚したいんです！
プロポーズさせて！

南條　勢いすげー!!

単語

なむぢ【汝】 おまえ。そなた。

あふ【会ふ】
「出会う」のほか、「結婚する」という意味もある。

ちぎる【契る】
「約束する」のほか、「夫婦の縁を結ぶ」という意味もある。

よばふ【呼ばふ】
夜這いではない。「呼び続ける」のほか、「言い寄る」「求婚する」という意味もある。

いみじ
はなはだしい。激しい。並々でない。
他の意味はP54を参照。

一言

プロポーズとはかくも
難しきものかな。

【がりず検定】年中行事の巻

するゑひろがりずが、独断と偏見で、現代の言葉を勝手に和風に言い換えて出題！
元の現代語が何なのか、当ててみてくだされ!!

一　白日

二　米国鞠《まり》打ち組合開幕

三　涼やか衣

四　母捧げ花

五　戯れ池開き

六　西瓜両断

七　白銀週間

八　慕情酒開き

九　黒の金曜日

十　褒美配りの白ひげ翁

【答ゑ】

一　ホワイトデー
二　メジャーリーグ開幕
三　クールビズ
四　カーネーション【母の日】
五　プール開き
六　スイカ割り
七　シルバーウィーク
八　ボジョレ・ヌーヴォー解禁
九　ブラックフライデー
十　サンタクロース【クリスマス】

番外編

するひろがりず裏話

がりず例文 四十四番

ゲーム実況

三島　ここの襖《ふすま》を開ければ良いのじゃな？

南條　あまたの白眼《しろまなこ》!!

三島　珍重《ちんちょう》なるかな南瓜祭《なんきんまつ》り！

南條　いや、これはまことの白眼じゃ！

三島　ぎゃー!!　おいらかなれ！　おいらかなれ！

現代語超訳

三島　ここのドア開ければいいのか？

南條　ゾンビだらけ!!

三島　ハッピー・ハロウィン！

南條　いや、これは本物のゾンビだ！

三島　ぎゃー!!　鎮《しず》まれ！鎮まれ！

単語

あまた【数多】たくさん。

おいらかなり
おっとりしている。穏やかだ。平静だ。

ちんちょうなり【珍重なり】▼P98

なんきん【南瓜】▼P98

まこと【真・実・誠】▼P66

一言

ゾンビ殿はなぜに皆、
眼《まなこ》が白いのじゃ……?

がりず例文 四十五番

南條の経歴

三島　おぬし、〝外大〟出てるんじゃな。何か異国語申せ。

南條　この格好で異国語を話し申したら、はしたなき気がするが一言だけ。APPLE！

三島　あっぱれ！

現代語超訳

三島　お前、外大出てるんだな。何か外国語しゃべって。

南條　この格好で外国語なんか話したら、中途半端な気がするけど一言だけな。APPLE！

三島　あっぱれ！

単語

はしたなし【端なし】
不似合いだ。中途半端だ。きまり悪い。

あっぱれ【天晴れ】
ああ。すばらしい。強く感動したり、ほめたりするときに使う言葉。「あはれ」を強調した言葉で、「天晴れ」は当て字である。

一言

APPLEとあっぱれは
似ておるなぁ。

がりず例文 四十六番

中年の悩み

三島　ちかごろ、歌舞伎娘《かぶきむすめ》どもの顔の分け、おぼめかし。

南條　年積もりけり。我が歌舞伎娘は“曙娘。”のままなり！

現代語超訳

三島　最近、アイドルたちの顔の区別がつかないよ。

南條　年をとったなぁ。オレのアイドルはモーニング娘。のままだよ。

単語

ちかごろ【近頃】最近。

わけ【分け】区別、違い。

おぼめかし
はっきりしない。

としつもる【年積もる】
年をとる。

※いづものおくに【出雲阿国】
安土桃山時代の女性芸能者で、かぶき踊りの創始者。このかぶき踊りが様々な変遷を経て、現在の歌舞伎が出来上がったとされている。

一言

我が歌舞伎娘は出雲阿国《いづものおくに》※じゃな。

がりず例文 四十七番

劇場

南條　大宮の劇場の薄き壁が普請《ふしん》されたようじゃな。

三島　ネタ中でも楽屋の物語聞かず。

南條　じゃが……薄い壁がなんとなくなつかし……。

三島　さて、今日も袖からひねもす萬歳《まんざい》を見む！

南條　いや、我らの出番はあらざるか！

現代語超訳

南條　大宮の劇場の薄かった壁が工事されたようだな。

三島　ネタ中に楽屋の世間話は聞こえてこないな。

南條　でも…薄い壁がなんとなく名残惜しい…。

三島　さて、今日も袖から一日中漫才を見るか！

南條　いや、オレらの出番はないんかい！

単語

ふしん【普請】
土木・建築工事をすること。

ものがたり【物語】世間話。

なつかし【懐かし】
古文では「なつかしい」という意味ではなく、「親しみ深い」「心ひかれる」という意味。

ひねもす【終日】朝から晩まで。一日中。

一言

吉本は壁代も
ケチろうとするのじゃ。

がりず例文 四十八番

健康診断

三島　明日の健康見立て、
〝胃のぞき〟は
心にもあらざるなり。

南條　されど、近頃の鋇《ばりうむ》はあまし。

現代語超訳

三島　明日の健康診断、
胃カメラは気が
乗らないなぁ。

南條　でも、最近の
バリウムはうまいよ。

単語

みたて【見立て】
判断。診断。

こころにもあらず【心にもあらず】
気が進まない。

ばりうむ【鋇】
バリウム。漢字の母国、中国でバリウムを表す漢字。

あまし【甘し】
「甘い」のほかに、「うまい」「おいしい」という意味もある。

一言

近頃の願いは
“無病息災”に尽きまするǃ

がりず例文 四十九番

楽屋

南條　昨日は〝娯楽電視台《ごらくでんしだい》〟で活躍しておったのぅ。

三島　いや〜、某《それがし》は吉本のかげじゃなあ〜。

南條　かげとは大きく出たな！　せいぜいとかげじゃ。

三島　なめし！

現代語超訳

南條　昨日はテレビで活躍してたなあ。

三島　いや〜オレは吉本の光だな〜。

南條　光とは大きく出たな！　せいぜいトカゲだろ。

三島　失礼だな！

単語

かげ【影】
「陰（光のささないところ）」だけでなく、「影」という漢字で「光」「姿」を意味することもある。「撮影」というのは、陰を撮るのではなく「姿」を撮るということ。

なめし
無礼である。無作法である。「お前はオレをなめとんのか！」と言うときの「なめる」と語源が同じである。

それがし【某】▼P8

一言

**大宮の劇場は、
我々以外のライブも
がら空きぞ!**

がりず例文

五十番

この本のゆくえ

三島　この書物の売れ筋位《くらゐ》は何位じゃ？

南條　六十七位。

三島　なかなかなり。

現代語超訳

三島　この本の売れ筋ランキングは何位？

南條　67位。

三島　中途半端だな。

単語

くらゐ【位】

官職の地位。宮中での序列。一〜三位が上達部（かんだちめ）、四・五位が殿上人（てんじょうびと）、六位以下が地下（じげ）と呼ばれて、この官位に応じて「左大臣」「大納言」などの官職が与えられた。

なかなかなり【中中なり】

中途半端だ。現代だと「まあまあ良い」といった意味で使われることが多いので、注意。

一言

もっと売れ給《たま》へ!

【がりず検定】

すゑひろがりず局番の巻

すゑひろがりずが、独断と偏見で、現代の言葉を勝手に和風に言い換えて出題！
元の現代語が何なのか、当ててみてくだされ!!

一　各々局番

二　目安箱

三　沢庵並びにべったら

四　よもぎ

五　獣どもの薮

六　柿太夫双六

七　肉どら焼き

八　輪っか饅頭

九　仏の国の小麦卵漬け焼き

十　玉包み紅飯

【答ゑ】

一　YouTube
二　コメント欄
三　Dolce＆Gabbana
四　ハーブ
五　どうぶつの森
六　桃太郎電鉄
七　ハンバーガー
八　ドーナツ
九　フレンチトースト
十　オムライス

索引

あ

すゑひろがりずの をかしな和風会話

2021年9月16日　初版発行

著者　すゑひろがりず（南條庄助・三島達矢）
監修　東大マン

発行人　藤原寛
編集人　新井治

編集　金本麻友子
編集協力　大八木秀
デザイン　武田英志・中村衣里（hooop）
装画・挿絵　化猫マサミ
写真　吉岡真理
ヘア&メイク　栗間夏美
マネジメント　小林立実・桑島美奈
営業　島津友彦（ワニブックス）
構成・進行　井澤元清

発行　ヨシモトブックス
〒160-0022
東京都新宿区新宿 5-18-21
Tel 03-3209-8291

発売　株式会社ワニブックス
〒150-8482
東京都渋谷区恵比寿 4-4-9
えびす大黒ビル
Tel 03-5449-2711

印刷・製本　株式会社光邦

JASRAC 出 2106839-101

Printed in Japan
ISBN 978-4-8470-7090-7
C0095